EXAMEN

DES RÉGLEMENS

Des 9 et 23 octobre 1787, par rapport à l'Ordonnance du Roi du 6 mai 1814, portant établissement d'un Conseil de la Guerre.

ATTRIBUTIONS

DU CONSEIL DE LA GUERRE.

L'Ordonnance du Roi portant création du conseil de la guerre, va nécessiter un réglement qui développe, d'une manière précise et détaillée, les attributions que Sa Majesté est dans l'intention de donner à ce conseil. Il seroit difficile, en effet, de concevoir une institution qui agiroit sans avoir de fonctions déterminées, et d'en espérer alors les résultats heureux que l'on peut s'en promettre, si elles sont bien réglées à l'avance. Peut-être même est-il à regretter qu'elles n'aient pas été fixées par l'ordonnance même de création. Cette nouvelle institution présente des questions importantes qu'il est indispensable d'aborder pour la confection du réglement qui doit en être la suite, et qu'il eût peut-être été bon de résoudre auparavant.

C'est, au surplus, la marche que Louis XVI avoit suivie. Le réglement du 9 octobre 1787, portant création du conseil de la guerre, renfermoit en même-temps ses attributions. Il n'est pas inutile d'en parcourir les principaux articles dans un moment où l'on voudra sans doute en renouveller toutes les dispositions qui peuvent s'accorder avec les vues du Roi et avec les circonstances actuelles.

Le réglement postérieur du 23 octobre (1) n'ayant eu pour but que de faciliter l'exécution du précédent, donne lieu à peu d'observations. Cependant, lorsque ses dispositions se rapporteront à quelques-uns des articles que je vais citer, ils seront fondus dans ces mêmes articles comme n'en étant que le développement.

Art. 1er. Permanence du conseil.

L'article premier de ce réglement établissoit le conseil de la guerre comme autorité permanente, l'ordonnance du Roi ne prononce rien sur la permanence du nouveau conseil, et, si cette question étoit agitée, peut être seroit-il bon de ne pas s'expliquer sur ce point. Une institution qui est bonne dans un temps peut ne plus l'être dans un autre. S'il est permis de juger par les ré-

---

(1) Outre ces deux réglemens, le Roi avoit rédigé une instruction particlière pour le travail du conseil de la guerre, on la retrouveroit probablement au dépôt de la guerre, ou dans les papiers de M. de Guibert, qui sont encore en ce moment entre les mains de madame la comtesse de Guibert.

sultats, peut-être l'établissement du conseil de la guerre, en 1787, a-t-il été malheureux. Il étoit indispensable aujourd'hui. Les lois militaires ont éprouvé, depuis 1789, une révolution plus grande encore que les lois civiles. Le désordre est aussi plus grand dans cette partie que dans toute autre, et, lorsque les nouvelles institutions exigent entre elles un accord parfait, lorsqu'il s'agit de refondre une législation dans son entier, de donner à l'armée une constitution pour ainsi dire nouvelle, de réparer de grandes pertes, de cicatriser des plaies douloureuses, on ne peut supposer qu'un ministre puisse supporter à lui seul un pareil fardeau, ni que ses idées soient également les meilleures sur toutes les parties; mais une expérience trop longue et trop malheureuse a dû forcer les plus incrédules à reconnoître la nécessité d'une stabilité dans les lois qui régissent l'état militaire; et il doit arriver un temps où la législation, ayant pris un caractère fixe, l'existence prolongée du conseil de la guerre ne sera pas sans inconvénient, au moins sous la même forme, car peut-être seroit-il involontairement conduit à cher-

cher sa conservation dans les changemens et les innovations. « Tout corps, a dit un judi- » cieux historien (1), qui, existant dans un » état, peut être déplacé sans inconvénient, » est, par cela même essentiellement dan- » gereux. »

Art. 2. Présidence du conseil.

L'article 2, comparé à l'ordonnance du Roi, qui rétablit le conseil de la guerre, présente deux questions très importantes.

Cet article plaçoit le conseil de la guerre sous la présidence du secrétaire d'état du département de la guerre. L'ordonnance de S. M. du 6 mai, peut faire douter si son intention a été de laisser le conseil de la guerre sous la présidence du ministre de la guerre, elle s'exprime ainsi :

« Il est formé *près de nous* un conseil de » guerre, lequel sera, etc. »

Une seconde observation peut encore fortifier ce doute. Il n'entroit point de maréchaux de France dans la composition de l'an-

(1) M. Ferrand « *Esprit de l'Histoire.* » Les expressions peuvent n'être pas littérales. Je ne les cite que de mémoire. Cet article étoit écrit avant le choix que S. M. a fait de ce magistrat pour un de ses ministres.

cien conseil de la guerre, et l'art. 5 (1) autorise à penser que l'intention de Louis XVI avoit été d'éviter les discussions de rang et de prééminence. Au contraire, l'ordonnance du Roi admet trois maréchaux de France dans la composition du nouveau conseil, et, sans s'expliquer sur la présidence, elle ne nomme le ministre de la guerre qu'en quatrième ligne. L'ordre dans lequel son nom se trouve placé n'est donc pas indifférent à observer lorsqu'on le rapproche des expressions indiquées.

Le doute une fois permis, la question reste à examiner dans son entier.

Dans l'ordre de la monarchie, le ministre représentant la personne du Roi ne peut se

---

(1) Art. 5. « S. M. regrette que les raisons supérieures » qui la déterminent à affecter, à jamais, la présidence » du conseil à la charge de secrétaire d'état du département de la guerre, l'empêchent, dans la circonstance actuelle, d'appeler dans le conseil de la guerre » quelques-uns de MM. les maréchaux de France, mais » elle ne compte pas, pour cela, se priver de leurs lumières, et elle se réserve d'y avoir recours, quand » elle le jugera nécessaire, et ainsi qu'il sera indiqué » ci-après.

trouver sous la présidence d'un maréchal de France. Dans l'ordre de la hiérarchie militaire, les maréchaux de France ne peuvent être présidés par un lieutenant-général.

Il s'agit de savoir si, dans le conseil de la guerre, le ministre sera considéré comme ministre, et comme tel représentant la personne du Roi, et cette question peut se décider par le but de son institution.

Le Roi, en attachant le conseil de la guerre à sa personne, a, par cela seul, déclaré cette autorité indépendante de son ministre de la guerre, mais afin que cette institution puisse être, pour le service du Roi, aussi éminemment utile qu'il a le droit de l'espérer et de la bonté de ses vues et des lumières de son conseil, elle doit être combinée de manière que les attributions distinctes de ces deux autorités les placent constamment, l'une vis-à-vis de l'autre, dans un état d'indépendance réciproque.

Le conseil de la guerre n'étant composé que de personnes qui, par état, se trouvent, plus ou moins indirectement, dans la dépendance du ministère, si le ministre vient à le présider, il est à craindre que son influence, comme ministre et comme représentant la personne du Roi, n'agisse par la suite avec trop de force sur l'opinion du conseil, et ne décide uniquement ses opérations. Dans ce cas, le conseil de la guerre ne seroit plus qu'une gêne pour celles du ministre lui-même, et son existence présenteroit plus d'inconvéniens que d'utilité.

Le contraire est arrivé sous le ministère de M. de Brienne. C'est le conseil qui a entraîné le ministère, mais il faut en attribuer la cause à l'influence et au contrôle que le réglement de 1787 avoient donnés au conseil sur les opérations du ministère, ainsi qu'on le verra par l'examen des articles 15, 17 et 22, et qu'il est essentiel de ne pas lui rendre aujourd'hui si l'on ne veut pas que le ministère se trouve, à son tour, dans la dépendance du conseil.

Le conseil de la guerre, seroit encore subordonné, par le fait, au ministre de la guerre, si, ne recevant sa direction que de lui seul, il ne pouvoit travailler que sur ses propositions; il ne rempliroit plus alors sa dénomination; il ne seroit plus conseil *de la guerre*. Il seroit, simplement et par le fait, conseil *du Ministre de la Guerre*, ce qui change absolument la nature de son institution. Cette question se rattache d'ailleurs à celle de la présidence ; car, si le ministre n'étoit considéré dans le conseil que comme membre du conseil, il ne seroit pas naturel de voir ses opérations dirigées par l'un de ses membres, quelque distinction mentale que l'on pût établir.

Il semble que l'on parviendroit à éviter, pour le conseil de la guerre, le double inconvénient de dominer le Ministère ou d'être dominé par lui.

1.° Si le roi consentoit à présider lui-même le conseil de la guerre, ainsi que Louis XVI le présidoit réellement en 1787 : ce point de fait exige un développement. L'article 2 du réglement du 9 octobre 1787 plaçoit bien le conseil de la guerre sous la présidence du secrétaire du département de la guerre, mais ce n'étoit point dans ce conseil que se jugeoient définitivement tous les projets de réglemens ou d'institutions militaires ; c'étoit là qu'ils se traitoient seulement. Ils étoient ensuite mis sous les yeux du roi, dans le conseil intime que Sa Majesté avoit établi par les articles 25 et 26 de ce même réglement, et rapportés par le président du conseil de la guerre. C'étoit dans ce conseil intime que se prenoient les décisions définitives et que le roi signoit tous les actes qui lui étoient présentés, avec les changemens ou les modifications que Sa Majesté avoit jugés convenables. Le conseil de la guerre n'étoit, par lui-même, autorisé à donner, en son propre nom, que les décisions nécessaires pour l'établissement, le maintien ou l'exécution des lois rendues par le roi. Pour peu qu'elles apportassent de changemens à l'esprit de la loi, elles devoient, préalablement, être soumises à Sa Majesté. Il est indispensable de laisser au conseil la même attribution, tant que l'on jugera son existence nécessaire : c'est le seul moyen d'établir et de conserver l'unité de la législation. Si les différentes divisions du ministère de la guerre conservent encore la faculté malheureuse qu'elles ont depuis plus de vingt ans, de présenter à la signature du ministre cette foule d'instructions et de circulaires portant caractère de loi, qu'il ne lui est réellement pas possible de comparer et de juger dans ses détails, on doit renoncer à toute idée de stabilité dans les lois militaires. Un centre unique est impérieusement nécessaire pour leur rédaction. Toutes veulent être envisagées dans leur ensemble et rédigées dans le même sens. Toutes les discussions dont elles sont l'objet, toutes les interprétations dont elles sont susceptibles, veulent être constamment ramenées à la source d'où les premiers actes sont émanés. Il est impossible qu'il n'y ait pas divergence, confusion et désordre, comme par le passé, si chacun continue à vouloir être législateur dans la foible partie d'administration qui lui est confiée. Dans l'esprit de l'institution du nouveau conseil de la guerre, c'est lui qui devient, par le fait, conseil intime ; le ministre conserve toutes les attributions qui appartiennent à son ministère, et que l'article premier du réglement de 1787 avoit partagées entre le secrétaire d'état du département de la guerre et le conseil de la guerre. « L'administration de ce département sera » ainsi, à l'avenir, partagée entre le secré» taire d'état de la guerre et le conseil de » la guerre, de manière que, etc. » *Art.* 1er. *du Réglem. du* 9 *octobre.*

2°. Si l'on traçoit, dès à présent, le cercle d'opérations que le conseil de la guerre devra parcourir, de son propre mouvement, et l'ordre dans lequel il devra le suivre, cet article terminera la fin de cet écrit, parce qu'il se rencontrera dans le courant de ce mémoire des applications qui mettront plus à portée de juger la proposition.

Le ministre ne représentant plus dans le conseil de la guerre la personne du roi, il n'y auroit alors aucun inconvénient à le faire présider, en l'absence de Sa Majesté, par le plus ancien des maréchaux qui en sont membres (1), et l'indépendance réciproque du ministère et du conseil sembleroit assurée aussi avantageusement qu'on peut le desirer pour les intérêts du roi et de l'armée.

Ce même article 2 nommoit un officier général ou supérieur « pour remplir » les fonctions de rapporteur-rédacteur du » conseil de la guerre. » Rapporteur.

Cette disposition est renouvelée par l'ordonnance du roi du 6 mai. Elle nomme un inspecteur aux revues rapporteur du nouveau conseil.

---

(1) Sous le ministère de M. de Puységur le conseil de la guerre n'étoit plus présidé par le ministre de la guerre.

Cette fonction de rapporteur n'est pas nécessairement inhérente à l'institution du conseil de la guerre en elle-même.

Elle peut exister ou ne pas exister, selon l'ordre de travail que l'on adopte. Cet ordre dépend lui-même de la nature des attributions, et celles du nouveau conseil ne sont pas encore déterminées.

Elle a l'inconvénient de soumettre forcément le travail de tous les membres à l'influence du rapporteur, quelque précaution que l'on puisse prendre pour l'éviter.

Elle suppose toutes les connoissances nécessaires à chaque arme et à chaque branche de service ; et, si l'on veut jeter un coup-d'œil sur le projet de code militaire présenté par M. de Guibert, on n'aura qu'une idée imparfaite de celles que le rapporteur doit réunir.

L'existence de la même fonction dans l'ancien conseil de la guerre ne prouve rien pour la nécessité de la renouveller.

1°. Parce que l'expérience a fait reconnoître suffisamment la trop grande prépondérance qu'elle donne à l'un de ses membres. Elle a été funeste aux opérations du conseil et au rapporteur lui-même. On peut dire que si le conseil de la guerre a entraîné le ministère, le conseil, à son tour, a été entraîné par le rapporteur.

2°. Parce que l'exemple de M. de Guibert qui l'a exercée, ne peut être cité comme autorité pour la possibilité de la remplir. De quelque manière que l'on envisage cet homme extraordinaire, l'étendue de ses connoissances, de son esprit et même de son génie, la vivacité de sa pénétration, de son style et de son éloquence, l'amour de la gloire et de la celébrité qui le consumoient, l'ont mis, pour long-temps, hors de toute comparaison pour une si vaste fonction.

Le secrétaire d'état de la guerre étoit bien réellement, vis-à-vis du Roi, dans le conseil intime, le rapporteur de toutes les opérations du conseil. Le président remplira encore les mêmes fonctions vis-à-vis de S. M., mais il existe une grande différence entre le rapport d'objets décidés et le rapport d'objets en discussion.

Le Roi, en nommant, par son ordonnance, deux officiers généraux pour chaque arme, peut autoriser à penser qu'il est dans son intention que les rapports du conseil se fassent par arme, et, en principe général, cette idée paroît la meilleure, je n'ignore pas qu'elle n'est point susceptible d'une constante application. Il se présentera, et en très-grand nombre, particulièrement dans ce qui concerne le service et la discipline des troupes en général, des questions qui ne peuvent faire l'objet d'un réglement applicable à une arme en particulier. Mais, s'il est bon d'examiner tous les points auxquels se rattache une question quelconque, pour en tirer ensuite des conséquences générales, il est aussi deux écueils à éviter ; 1°. celui de trop généraliser, ce qui mène infailliblement à l'obscurité ; 2°. celui de vouloir généraliser complètement, dans ce qui est possible, avant le temps opportun.

Il n'est, à proprement parler, aucune question qui puisse être envisagée isolément, pas même celle de la composition d'un régiment d'infanterie. Si donc l'on veut, dès le premier abord, traiter les questions sous toutes leurs faces, on se jettera dans un travail interminable. Toutes les questions possibles rentrant l'une dans l'autre, il n'y auroit pas de raison pour s'arrêter et se décider.

Le terme auquel on doit s'arrêter dans

l'examen d'une question sous les points de vue généraux qui lui appartiennent, ne peut guère être bien déterminé que par la discussion; et, lorsque le sujet seul ne désigne point le rapporteur-général, c'est elle encore qui l'indique le mieux pour les matières qui se rattachent à plusieurs divisions. Le même objet peut être envisagé de plusieurs manières différentes, mais le point de vue dont on part conduit souvent à en être plus pénétré et à le mieux approfondir. Il est des matières que notre esprit saisit plus facilement et plus nettement, soit par une suite de nos facultés naturelles, soit par suite des circonstances particulières où chacun a pu se rencontrer, car il faut toujours prendre l'observation et l'expérience pour les véritables régulateurs de notre instruction et de notre imagination. La discussion fait aisément apercevoir celui qui convient le mieux pour traiter une proposition générale, lorsque, d'ailleurs, des travaux particuliers ne l'ont pas désigné à l'avance.

Par ces motifs, le rapporteur général, et même, selon les cas, le rapporteur particulier, paroîtroit devoir varier selon les questions et le choix en être laissé à la discrétion du président. Il est plus naturel de supposer dans chacun des membres du conseil de la guerre un certain nombre de connoissances indépendant de celles qui appartiennent à son arme, que de supposer dans un seul la réunion de celles qui appartiennent à toutes.

Au surplus, il ne faut point se faire d'illusion. On a tout lieu d'attendre les plus heureux résultats du rétablissement du conseil de la guerre et de sa composition particulièrement, mais il ne faut point viser aujourd'hui au plus ou moins de perfection que l'on peut obtenir par la suite, et peut-être en 1787, n'a-t-on pas assez prévenu à cet égard le public et l'armée; de quelque manière que le conseil procède, ses opérations ne peuvent être que préliminaires. Ce n'est pas au sortir d'un temps de troubles, de désordres et de calamités, lorsque les pouvoirs sont confondus, les attributions respectives sans aucun rapport entre elles, les obligations de chacun noyées dans un fatras de lois contradictoires que l'on peut espérer de revenir, en un instant, à un ordre simple d'administration. D'ici à quelque temps le conseil de la guerre ne peut soumettre au Roi que des réglemens partiels qui devront être plutôt considérés comme transitoires que comme définitifs, mais, avant peu, il aura parcouru successivement les différentes branches de service et d'administration. C'est alors que débarrassé de cet amas confus de lois qui vont successivement lui passer sous les yeux, et n'ayant plus à s'occuper que de son propre travail, et à réunir les observations qui en auront été l'objet, il pourra facilement lui donner l'ensemble désirable, et y faire même les corrections que le temps lui aura déjà fait juger nécessaires. Jusqu'à ce moment il sera entraîné par les événemens et par l'urgence du moment. — Aucune question ne pourra être traitée absolument dans l'ordre qui lui appartient.

A cette époque, je conçois parfaitement la rédaction du Code militaire par une seule personne, quelque grande que soit l'entreprise. Je suis même persuadé que l'esprit d'ordre, de méthode et de clarté dont ce plan seroit susceptible, peut mettre, comme l'illustre M. Domat, celui qui l'exécutera parfaitement au rang des hommes de génie.

Le réglement de 1787 n'admettoit point

Commissaires des guerres et

Inspecteurs aux revues membres du conseil.

de commissaire ordonnateur dans le conseil de la guerre. L'article 20 autorisoit seulement le conseil de la guerre à appeler près de lui tel commissaire des guerres ou autre employé militaire qu'il jugeoit à propos de consulter ; mais il n'existoit pas alors de motif d'exclusion à leur égard (1).

L'ordonnance du Roi fait entrer dans la composition du nouveau conseil de la guerre, un commissaire ordonnateur des guerres et un inspecteur en chef aux revues.

Peut-être existoit-il aujourd'hui des raisons pour n'admettre ni l'un ni l'autre, au moins momentanément.

L'institution des inspecteurs aux revues est une idée de Buonaparte, soit qu'il l'ait eue par lui-même, soit qu'elle lui ait été suggérée. Je ne prétends pas que cette institution soit vicieuse parce qu'elle est de Buonaparte, mais il est de fait que les fonctions d'inspecteur aux revues ne sont autres que les fonctions de commissaire des guerres; qu'il faut, à l'arrivée d'une troupe dans le séjour qui lui est assigné, deux opérations pour toutes les distributions à lui faire, et

---

(1) Le conseil avoit appelé près de lui M. Charrin, etc.

que, par suite, ces deux opérations se multiplient au-delà de tout ce qu'on peut imaginer. Il est de fait encore ou que l'on n'a jamais bien compris le but que l'on se proposoit par ce doublement, ou que l'on n'a jamais bien pu l'atteindre, puisque, malgré les sommes immenses que l'on a dépensées pour cette institution, le désordre de l'administration n'a cessé d'augmenter dans une effrayante proportion. Il n'est donc pas déraisonnable de penser qu'il arrivera un moment où on examinera s'il ne conviendroit pas de fondre l'institution des inspecteurs aux revues dans celle des commissaires des guerres ou *vice versa*. Dans ce cas, la présence des parties intéressées seroit embarrassante pour les opinions des membres du conseil. Elle pourroit aussi n'être pas favorable à l'administration. Elle différera de beaucoup l'examen d'une question que l'on s'est déjà faite depuis long-temps. On finira cependant par être forcé de l'aborder, parce qu'il n'est pas un seul régiment qui ne se plaigne de la multiplicité d'écritures et d'embarras où les jettent ces doubles fonctions.

L'identité qui existe entre ces deux fonctions est telle que le rédacteur de l'ordonnance qui a cherché à les distinguer n'a pu la sauver.

Le commissaire ordonnateur est désigné pour l'administration *de la guerre*.

L'inspecteur aux revues est désigné pour l'administration *militaire*.

Je n'ignore point la distinction que l'on a voulu établir par ces expressions, mais elle n'est pas caractérisée.

La division des fonctions de commissaire des guerres a pu, jusqu'à un certain point, et forcément, se rapporter à la division des deux ministères (1); mais quand la réunion a été enfin, et beaucoup trop tard, jugée

---

(1) Bien que la création des inspecteurs aux revues soit antérieure à la division du ministère de la guerre, elle ne s'en rapporte pas moins à l'idée de la division du personnel et du matériel qui a été introduite et exécutée, pour la première fois, sous le ministère de M. Duportail, dans la division intérieure de ses bureaux, et qui pourroit bien avoir pris sa source dans les attributions du conseil de la guerre. Cette organisation a depuis subi plusieurs changemens, selon les différens mouvemens de la révolution, mais l'idée principale est restée. Elle a depuis été reprise et développée sous le consulat de Buonaparte, qui a divisé définitivement le ministère de la guerre.

nécessaire, il n'est pas naturel de laisser subsister des désignations qui supposent toujours, dans l'intérieur du ministère, la séparation respective des attributions telle qu'elle existoit avant la réunion.

La division absolue du ministère de la guerre en personnel et en matériel, est une chimère qui, présentée par un homme d'esprit, a pu séduire, dans le premier moment, mais que l'expérience a dû faire juger suffisamment. Les essais qui ont eu lieu se sont réduits à obtenir deux divisions et ensuite deux ministères qui ont eu chacun leur personnel et leur matériel; mais on n'a jamais pu séparer, à proprement parler, le personnel du matériel, parce qu'ils sont inséparables.

Art. 4. Remplacement des membres du conseil en cas de vacance.

L'art. 4 du réglement du 9 octobre 1787, autorisoit le conseil de la guerre, en cas de vacance d'une place de membre du conseil, à proposer trois candidats, parmi lesquels S. M. choisissoit. Une disposition de cette nature a l'inconvénient de trop isoler tous les contendans de la personne du Roi. Elle favorise l'esprit de parti en ce que l'on recherche l'appui des particuliers, et que l'on commence par s'attacher à leurs opinions. Elle ne paroît pas devoir être maintenue. Le Roi sera toujours le maître de consulter le conseil lorsqu'il sera indécis sur le choix.

Art. 10. Secrétaires et dépenses du conseil.

L'art. 10 attachoit au conseil deux secrétaires, etc. Cette disposition, ainsi que celles qui concernent les dépenses du conseil, ne sont point de nature à entrer dans un réglement ; elles seront mieux discutées et placées dans le budjet du ministère.

Art, 15. Attributions du conseil. Influence sur le ministère.

L'art. 15 chargeoit le conseil « de la confection et du maintien des ordonnances, » de la connoissance et de la discussion de » l'emploi, ainsi que de la comptabilité de » tous les fonds affectés au département de » la guerre, la contractation de tous les marchés, la surveillance de toutes les fournitures ayant rapport aux troupes, l'observation des principes et des règles pour » la dispensation de tous les emplois et de » toutes les graces militaires, et, à cet effet, » le secrétaire d'état étoit tenu de donner » communication au conseil de la guerre » de toutes les expéditions qui auront été » faites. » Toutes ces dispositions étoient dans le principe de l'institution du conseil qui étoit non seulement chargé de l'autorité législative et consultative, mais qui partageoit l'administration avec le secrétaire d'état du département de la guerre. Elles ne pourroient toutes lui convenir aujourd'hui. Le Roi en attachant le conseil de la guerre à sa personne et non au ministère, a manifesté l'intention de ne lui donner qu'une autorité législative et consultative. C'est aussi la seule qui lui convienne. Une certaine supériorité est nécessairement attachée au droit de contrôler. Le droit d'approfondir et de juger les opérations du ministère, entrave sa marche qui doit être facile, pour que l'exécution soit rapide, et c'est à cette autorité, pour ainsi dire illimitée, que cet article et quelques autres donnoient au conseil de la guerre de 1787, autant qu'à l'esprit d'innovation qui commençoit alors à faire ses ravages, qu'il faut rapporter sa trop grande prépondérance à l'égard du ministère. L'action même de cette autorité législative et consultative qui sera confiée au conseil, veut être limitée. Elle ne doit pas être abandonnée entièrement à son propre mouvement, comme en 1787, si on ne veut pas qu'il dépasse les limites dans lesquelles il peut être éminemment utile. Toute institution nouvelle veut être considérée à une certaine distance de son principe, parce que les germes de bien et de mal qu'elle renferme, ne se développent que lentement. Les commencemens sont presque toujours heureux. Chacun s'observe ; mais, lorsque l'on a bien saisi respectivement l'avantage que l'on peut avoir l'un sur l'autre, les passions commencent à se mettre en mouvement, et c'est alors qu'avec les meilleures intentions, par le seul fait de l'amour-propre personnel à tous les hommes, et, sans que l'on s'en doute, l'intérêt général se trouve sacrifié à des considérations particulières.

Art. 16. Connoissance des affaires de discipline.

L'article 16 attribuoit au conseil de la guerre « la connoissance et l'examen de toutes » les affaires de discipline militaire et de » contravention aux ordonnances, la pro- » position des punitions à décerner, quand » elles n'auroient pas été déterminées par » les ordonnances ».

La connoissance des affaires de discipline et de contravention aux ordonnances ne peut concerner le conseil de la guerre que sous des rapports généraux. Si les ordonnances n'ont point prévu le cas, ce qui n'est guères possible, aujourd'hui que l'on semble avoir épuisé tous les genres de trouble, de désordre et de crime, le conseil doit en prendre connoissance, afin de préciser le genre de délit et la nature de la punition pour l'avenir; mais, dans aucun cas, pour en proposer une relativement au coupable, 1°. parce qu'on ne peut appliquer à un délit reconnu que la punition prononcée par les lois avant le délit; 2°. parce qu'en supposant que l'on continuât à donner cette attribution au conseil, il ne pourroit prononcer qu'une peine de discipline, ce qui seroit au-dessous de sa dignité; les lois pénales militaires ne doivent jamais être envisagées que par rapport à l'effet qu'elles produisent sur l'armée en général, et non sur l'individu en particulier. Or, une peine de discipline peut bien produire quelque effet dans l'intérieur d'une compagnie, et peut-être, selon les circonstances, d'une division; mais elle n'en produit aucun sur l'armée. Il est, à la vérité, dans le militaire surtout, des délits qui ne pourront jamais être caractérisés par les lois; ceux de cette nature ne peuvent pas être punis par des peines de discipline proprement dites. Ils peuvent diminuer ou même ôter tout-à-fait la confiance du souverain. Le roi sera toujours le maître, lorsqu'il le jugera convenable, de consulter son conseil de la guerre ; mais il ne paroît pas qu'on doive lui donner une attribution pour des cas particuliers qui ne sont pas susceptibles d'être généralisés.

Art. 17. Membres du conseil en mission. Inspecteurs généraux.

D'après l'article 17, « le conseil de la guerre » devoit envoyer, tous les ans, à son choix, » un ou plusieurs de ses membres pour vi- » siter, tantôt dans une partie du royaume, » tantôt dans l'autre, sans que cela fût an- » noncé à l'avance, les troupes, les garni- » sons, les camps d'instruction, les places » de guerre, les hôpitaux, les établissemens » des vivres et autres établissemens mili- » taires de tout genre....... Leur autorité se » bornoit à rapporter des mémoires détail- » lés sur les transgressions, négligences ou » abus, ainsi que *sur les changemens* qu'il » leur paroissoit avantageux d'introduire. » La plupart de ces dispositions tiennent à l'état de permanence et de stabilité que l'on avoit donné au conseil de la guerre. Ce qui sera décidé sur ce point peut seul déterminer ce que l'on doit en conserver. Pour le moment, je me contenterai de faire deux observations : la première, c'est qu'il est nécessaire de lier ces attributions avec les fonctions des inspecteurs généraux et avec leurs instructions, de manière qu'elles ne se contrarient pas réciproquement. Depuis long-temps les inspecteurs généraux n'existent plus que de nom. L'étendue de terrain qu'ils ont à parcourir, le délai qu'on leur fixe pour leur tournée, la rapidité avec laquelle ils la font, ne leur permettent réellement pas de connoître et de juger par eux-mêmes les détails et la situation de tous les régimens qu'ils ont à inspecter. Ils sont, le plus souvent, forcés de voir ce qu'on leur fait voir, et de fixer leur opinion sur les militaires, d'après les commandans uniquement. Il sera peut-être bon que ces mêmes instructions des inspecteurs généraux divisent leur travail de manière que chacune des divisions aboutisse, comme anciennement, à chaque partie correspondante du département de la guerre, et puisse avoir une influence et un résultat. Dans l'état actuel des choses, leur travail n'a point tout celui qu'il devroit avoir. Les fonctions des inspecteurs généraux sont cependant, en temps de paix, l'ame de l'armée. C'est par eux que le souverain la voit, pour ainsi dire, en détail, connoît ses besoins, son esprit, la force des corps, l'instruction, les travaux, le zèle et la conduite des officiers. Exercées avec soin et vigilance par les généraux de l'armée les plus instruits, elles contribuent fortement à la mettre en état de se réunir et d'agir au premier signal. La seconde observation, c'est qu'en admettant que l'on conserve au conseil de la guerre quelques-unes de ces attributions, le rapport de ses membres sur les changemens qu'ils jugeroient devoir être introduits, devroient être adressés au ministre directement (1), et non au conseil, parce qu'ainsi que je l'ai dit ci-dessus, il y a beaucoup d'inconvéniens à ce que les attributions du conseil de la guerre ne soient pas renfermées dans des bornes positives. L'autorisation de proposer des changemens est trop indéterminée : aucun ne doit avoir lieu dans l'armée, qu'il n'ait premièrement été examiné, discuté par le ministre, et soumis ensuite par lui à S. M. Le conseil ne doit jamais avoir l'initiative, si l'on ne veut pas qu'il y ait confusion de pouvoirs, et instabilité dans les institutions.

---

(1) Je ne préjuge rien sur les droits de MM. les colonels-généraux.

L'article 18 autorisoit le conseil « à en-
» voyer, avec l'agrément du roi, des officiers
» en pays étranger, pour en connoître les
» armées, observer leur méthode, etc. » Les
longues excursions des armées françoises ne
peuvent aujourd'hui, et pour très-long temps,
laisser rien à désirer à cet égard. Cette disposition est donc inutile à renouveler. Elle
seroit d'ailleurs impolitique.

Art. 18. Officiers envoyés en pays étranger.

L'article 22 ordonnoit au conseil « de
» s'occuper des traités de régie ou marchés
» d'entreprises, abusifs ou onéreux, d'un
» système général relatif à ses villes de
» guerre, forts ou châteaux. » Les réflexions
que j'ai faites sur l'article 15 sont appli-
cables à la première disposition de celui-ci.
Le conseil de la guerre ne pourroit s'occuper, de lui-même, de l'examen des traités
et marchés, sans s'immiscer dans le ministère. Le roi sera toujours à même de consulter son conseil sur les propositions du
ministre, qui lui paroîtront susceptibles
d'une plus ample discussion, ou de lui or-
donner d'approfondir la cause des résultats
qui l'auront plus particulièrement frappé,
et qui lui auront paru devoir être recher-
chés dans leur source. La seconde paroît

Art. 22. Attributions du conseil à l'égard des traités et marchés. Influence dans le ministère.

bien de nature à être, d'un instant à l'autre, soumise à l'examen de son conseil de la guerre ; mais d'après des ordres particuliers seulement, et sans qu'il soit nécessaire de l'insérer à l'avance dans le réglement.

Voici les seules dispositions des réglemens des 9 et 23 octobre 1787, qui semblent présenter quelques questions à résoudre, avant la rédaction définitive de celui qui doit fixer les attributions du conseil.

Tous les autres, ou se rapportent aux circonstances, ou ne contiennent que des objets de détail qui sont de nature à être adoptés ou rejetés unanimement, lorsque l'on sera d'accord sur les bases.

Il me reste maintenant à préciser mes idées sur les fonctions qu'il conviendroit d'attribuer au conseil de la guerre. On pourroit les diviser en deux parties : celles qu'il n'exerceroit que par ordre supérieur, et celles qu'il exerceroit de son propre mouvement, d'après les bases générales et positives qui lui seroient fixées.

Sous le premier rapport, le conseil, en se reportant à la nature de son institution actuelle, paroît ne devoir s'occuper uniquement que des affaires et rapports dont la connoissance lui seroit spécialement attribuée par le Roi. Dans l'exclusion de tout examen particulier qui ne lui auroit pas été ordonné par S. M., je comprends les ouvrages, plans et mémoires anciens et nouveaux. Le réglement du 9 octobre 1787 en avoit jugé autrement, et l'art. 16 en avoit remis la connoissance au conseil de la guerre, qui pouvoit s'en occuper et en rendre compte ainsi que bon lui sembloit. Je ne pense pas que l'on ait eu beaucoup à se louer du résultat. Une pareille latitude ne seroit bonne, comme anciennement, qu'à favoriser les innovations. Il faut encourager les hommes studieux qui, par goût ou par zèle pour leurs fonctions, recueillent des observations utiles, mais il ne faut exciter personne à écrire, car on n'écrit plus alors par conviction. Si les projets les plus ingénieux sont ordinairement les plus séduisans, ils ne sont pas toujours les meilleurs, et c'est dans le ministère seul que ces écrits peuvent être bien jugés, parce qu'ils le sont par l'expérience de tous les jours. J'en excepte toutefois quelques-uns dont les sujets ne rentrent pas dans ses attributions et ne peuvent être bien jugés que par les généraux eux-mêmes, tels que les manœuvres des différentes armes, leur service dans l'intérieur et en campagne, soit qu'on l'envisage extérieurement par rapport à chaque arme, soit qu'on l'envisage intérieurement par rapport aux corps de chacune de ces armes en particulier, etc. Au surplus, tous ces ouvrages se rapportent nécessairement à l'une des branches du travail général qui sera confié au conseil de la guerre. Les rapporteurs généraux et particuliers auront toujours la liberté de s'appuyer de leur autorité, lorsqu'elle pourra être de quelque poids, sans qu'il soit nécessaire d'en recommander au conseil l'examen spécial.

Sous le second rapport, les opérations du conseil, agissant de son propre mouvement, paroissent devoir se borner, pour le moment, à refondre dans un ordre indiqué, autant que les circonstances pourront le permettre, toutes les lois militaires, à les mettre en harmonie entre elles, avec le nouvel ordre de choses et avec les nouvelles institutions qui vont être établies, enfin à être exclusivement chargé de toutes les décisions que les actes émanés de lui et approuvés par S. M., pourroient rendre nécessaires.

Il existe à ma connoissance trois plans pour ce travail; il suffit d'opter entre l'un ou l'autre.

Le premier est de M. de Guibert, et avoit été adopté par Louis XVI. La lecture de ses mémoires est inséparable de son examen.

Le second est de M. Daru, qui a présenté quelques idées très-vraies sur l'esprit dans lequel il doit être exécuté.

Le troisième est de M. Lacuée.

Des cadres de cette nature veulent être remplis pour être bien jugés.

Il me seroit facile d'établir la comparaison de ces différens plans, et de faire connoître, d'une manière détaillée, la différence qui les distingue, mais ces questions n'ont d'autre intérêt que celui du moment, et, dans quelques jours, il ne sera plus temps, parce qu'il est probable que le choix sera fait.

Quel qu'il soit, il sera toujours bon. Il faut bien se persuader que le premier travail ne pourra jamais être que préliminaire. L'exécution seule peut bien faire juger de l'ensemble du plan qu'il conviendra mieux d'adopter définitivement, et l'on sera toujours à même, au second travail, de changer quelque chose à l'ordre qu'on aura momentanément adopté. Le tout est de commencer. « La dernière chose que l'on trouve en fai- » sant un ouvrage, dit Paschal, c'est de » savoir celle qu'il faut mettre la première. »

De l'Imprimerie de MAGIMEL, rue Christine, n°. 2.

www.ingramcontent.com/pod-product-compliance
Lightning Source LLC
LaVergne TN
LVHW020303230826
846091LV00006B/2495

9782011788979